# ¡Hola, América!
# El Álamo

por R.J. Bailey

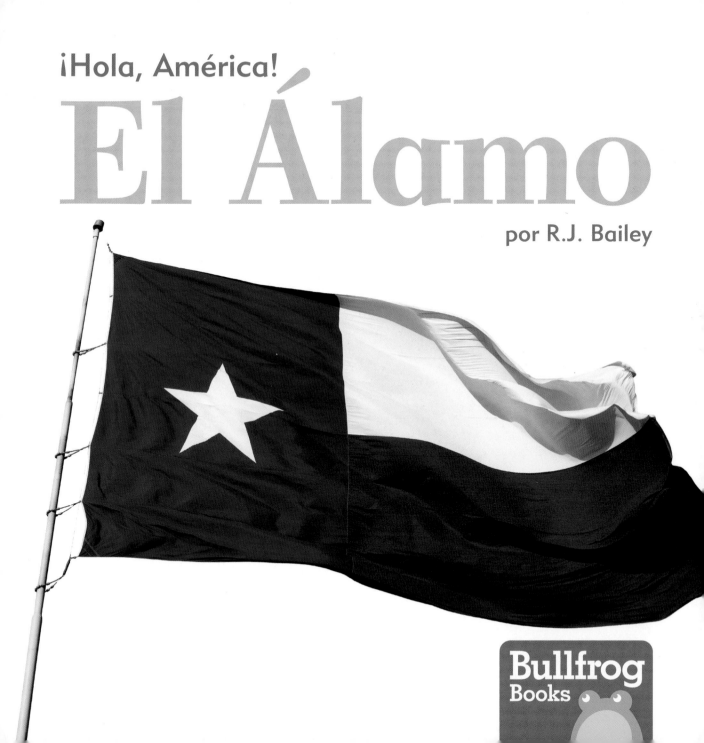

Bullfrog Books

# Ideas para padres y maestros

Bullfrog Books permite a los niños practicar la lectura de texto informacional desde el nivel principiante. Repeticiones, palabras conocidas y descripciones en las imágenes ayudan a los lectores principiantes.

## Antes de leer

- Hablen acerca de las fotografías. ¿Qué representan para ellos?

- Consulten juntos el glosario de fotografías. Lean las palabras y hablen de ellas.

## Lean en libro

- "Caminen" a través del libro y observen las fotografías. Deje que el niño haga preguntas. Señale las descripciones en las imágenes.

- Lea el libro al niño, o deje que él o ella lo lea independientemente.

## Después de leer

- Inspire a que el niño piense más. Pregunte: Pregunte: ¿Alguna vez has visitado el Álamo? ¿Tomaste un tour giado? ¿Viste una recreación de batalla?

Bullfrog Books are published by Jump!
5357 Penn Avenue South
Minneapolis, MN 55419
www.jumplibrary.com

Library of Congress Cataloging-in-Publication Data

Names: Bailey, R.J., author.
Title: El Álamo / por R.J. Bailey Jump!, Inc.
Description: Minneapolis, Minnesota: Jump!, Inc. [2016] | Series: ¡Hola, América! | Includes index.
Audience: Grades K–3.
Identifiers: LCCN 2016016358 (print)
LCCN 2016016670 (ebook)
ISBN 9781620315019 (hardcover: alk. paper)
ISBN 9781620315163 (paperback)
ISBN 9781624964640 (ebook)
Subjects: LCSH: Alamo (San Antonio, Tex.) Juvenile literature. | Alamo (San Antonio, Tex.) Siege, 1836—Juvenile literature. | San Antonio (Tex.)—Buildings, structures, etc.—Juvenile literature.
Classification: LCC F390 .B1718 2016 (print) LCC F390 (ebook) | DDC 976.4/03—dc23
LC record available at https://lccn.loc.gov/2016016358

Editor: Kirsten Chang
Series Designer: Ellen Huber
Book Designer: Molly Ballanger
Photo Researcher: Molly Ballanger
Translator: RAM Translations

Photo Credits: Alamy, cover, 18, 19, 22bl; Ben Grey/Flickr.com, 8; Corbis, 9, 20–21; Getty, 14–15; iStock, 3, 4, 10–11, 22br, 23bl; Jim Laux/Flickr.com, 6–7; Nagel Photography/Shutterstock.com, 23br; NeonLight/Shutterstock.com, 16–17; Shutterstock, 1, 5, 12–13, 22tl, 23tl, 23tr, 24; Thinkstock, 5, 23tr.

Printed in the United States of America at Corporate Graphics in North Mankato, Minnesota.

# Tabla de contenido

Luchar para ser libre ............................................. 4

Un día en el Álamo .............................................. 22

Glosario con fotografías ....................................... 23

Índice ..................................................................... 24

Para aprender más .............................................. 24

# Luchar para ser libre

Estamos en el Álamo.
Es una iglesia vieja.

## Se ubica en Texas.

Entramos.

Está callado. ¡Shh!

Bo es nuestro guía.
Nos cuenta la
historia del Álamo.

Hubo una lucha aquí.

Fue en 1836.

Texas era parte
de México.

Pero algunos
tejanos querían
ser libres.

CROCKETT

Lucharon contra el
ejército de México.

Duró 13 días.

Los tejanos perdieron.

Pero fue una batalla importante.

Pronto después,
Texas sería liberada.

Hoy en día se recrean batallas.

¡Bum!

Está bien.

No es real.

Nos enseña acerca del pasado.

Cerca encontramos una tumba.

¿Quién está enterrado ahí?

Hombres valientes.

No ganaron.

Pero les dieron esperanza
a los demás.

# ¡Recuerda el Álamo!

# Un día en el Álamo

iglesia

bandera de Texas

recreación

monumento

# Glosario con fotografías

**México**
Un país que tiene frontera con el estado de Texas y otros estados de los EEUU.

**Texas**
Uno de los cincuenta estados de los Estados Unidos; se convirtió en estado en 1845.

**tejanos**
Personas que viven en el estado de Texas.

**tumba**
Un lugar donde se entierran personas.

# Índice

ejército 13

esperanza 19

guía 8

historia 8

iglesia 4

libre 10, 14

lucha 9, 13

México 10, 13

Texas 5, 10, 14

tumba 18

# Para aprender más

Aprender más es tan fácil como 1, 2, 3.

1) Visite www.factsurfer.com

2) Escriba "ElÁlamo" en la caja de búsqueda.

3) Haga clic en el botón "Surf" para obtener una lista de sitios web.

Con factsurfer.com, más información está a solo un clic de distancia.